JE SUIS PRÊTE
À RECEVOIR
L'ABONDANCE
DANS MA VIE.

JE ME FAIS
CONFIANCE
EN TOUTE
SITUATION.

JE FAIS DE MOI
MA PRIORITÉ.

J'ATTIRE
À MOI LA RÉUSSITE
ET LE SUCCÈS.

JE PRENDS
LE TEMPS
DE RESPIRER.
TOUT VA BIEN
SE PASSER.

JE M'APPORTE
TOUT L'AMOUR
ET LA DOUCEUR
DONT J'AI BESOIN.

JE DEVIENS
TOUS LES JOURS
UNE PERSONNE
PLUS POSITIVE.

JE M'AUTORISE
À RÊVER EN GRAND.

JE SUIS EN TRAIN
DE DEVENIR
LA MEILLEURE
VERSION
DE MOI-MÊME.

JE PRENDS LE TEMPS
D'ACCEPTER ET
DE COMPRENDRE
LES ÉMOTIONS QUI
ME TRAVERSENT.

J'ATTIRE À MOI
L'ABONDANCE
FINANCIÈRE.

JE M'AIME.
JE M'ACCEPTE.
JE CROIS EN MOI.

JE M'AUTORISE
À FAIRE LA PAIX
AVEC MOI-MÊME.

J'APPRENDS
À LÂCHER PRISE SUR
CE QUE JE NE PEUX
PAS CONTRÔLER.

JE RESSENS
DE LA GRATITUDE
POUR LA VIE
QUE JE MÈNE.

DES CHANGEMENTS POSITIFS ARRIVENT DANS MA VIE.

JE ME DONNE
LE POUVOIR
DE CRÉER LA VIE QUE
JE SOUHAITE AVOIR.

TOUT CE DONT
J'AI BESOIN ARRIVE
AU BON MOMENT.
J'AI CONFIANCE
EN LA VIE.

JE M'AUTORISE
À DIRE « NON »
AUX AUTRES ET
« OUI » À MOI.

MON CORPS
MÉRITE D'ÊTRE AIMÉ
ET RESPECTÉ.

LES ERREURS
SONT SEULEMENT
DES LEÇONS
À APPRENDRE.

AUJOURD'HUI,
JE ME DONNE
LE POUVOIR DE
MANIFESTER MES
DÉSIRS LES PLUS
PROFONDS.

JE SUIS UNE BONNE PERSONNE ET JE FAIS DE MON MIEUX.

JE SUIS FIER·ÈRE
DE TOUT CE QUE
J'AI ACCOMPLI.

JE M'ENTOURE DE PERSONNES QUI ME TIRENT VERS LE HAUT.

AUJOURD'HUI,
JE RESSENS
DE LA JOIE ET
JE TRANSMETS
CETTE ÉNERGIE
AUX PERSONNES QUI
M'ENTOURENT.

MES VALEURS
ME GUIDENT
POUR PRENDRE
LES MEILLEURES
DÉCISIONS.

J'AI DE LA GRATITUDE POUR TOUS LES PETITS PLAISIRS DE LA VIE.

JE MÉRITE
DE RESSENTIR
DE LA JOIE,
DU BONHEUR
ET DE L'AMOUR.

JE CROIS EN MOI,
JE PEUX RÉALISER
DE TRÈS BELLES
CHOSES.

JE FAIS CONFIANCE
À MON INTUITION,
ELLE ME MÈNE LÀ
OÙ JE DOIS ALLER.

EN CHANGEANT MON
MONDE INTÉRIEUR,
JE CHANGE MON
MONDE EXTÉRIEUR.

JE RELÂCHE TOUTE
L'ÉNERGIE NÉGATIVE
QUI M'EMPÊCHE
D'AVANCER.

JE M'AUTORISE
À ÊTRE TOUJOURS
PLUS AUTHENTIQUE.

PLUS J'APPRENDS
À ME CONNAÎTRE,
PLUS JE ME SENS
BIEN AVEC
MOI-MÊME.

JE SAIS QUE
JE NE SUIS PAS
PARFAIT·E,
ET C'EST OK.

J'AI DE LA GRATITUDE
POUR TOUT L'AMOUR
QUE JE REÇOIS
TOUS LES JOURS.

AUJOURD'HUI,
JE DÉCIDE DE
ME CONCENTRER
SUR LE POSITIF.

JE CÉLÈBRE MES PETITES COMME MES PLUS GRANDES VICTOIRES.

MES ACTIONS
ME MÈNENT VERS
L'ABONDANCE
ET LA PROSPÉRITÉ.